成功人士
一定會做的 **9** 件事情

哥倫比亞大學商學院動機科學研究中心副主任
海蒂‧格蘭特‧海佛森博士
Heidi Grant Halvorson◎著
劉柏廷◎譯

CONTENTS

目錄

你是否好好想過這個問題：為什麼在追求某些目標的時候，可以進行得如此順利，但在追求其他目標時，卻往往無法一樣順遂？

如果不確定當中的原因是什麼，那麼，你並不是唯一一個無法解開疑惑的人。其實就算是那些絕頂聰明、有著更高成就的一流人士，每當提到他們成功或失敗的關鍵原因時，也是常常摸不著頭緒，說不出個所以然。

可能你當下會不加思索地得出這樣直覺式的答案——因為我在某些專長、能力上，天生體質就不怎麼健全，再加上其他能力也有所不足——像這樣的負面想法，真的只是這個失敗謎團當中的一小小部分而已，根本不足掛齒。

　　事實上，數十年來針對成功要素所做的研究當中，已經找出了關鍵：成功人士之所以能夠達到個人或是專業領域上的目標，不僅僅是因為他們的「特質」，更大的原因往往是他們的「行為」——因為他們做對了某些事情。

　　這本書介紹了成功人士一定會做的 9 件事情——他們用來設定、追求、達成目標的策略（有時候連他們本身都沒有察覺自己做了這項心智功夫），而這些事關重大的步驟，根據幾十年來針對人類「獲得成功」所做的研究顯示，確實對於各項行事效能具有重要影響。

　　和我一樣專攻人類「動機科學」的心理學家們，早已透過無數的研究確認與測試這些成功策略的可行性及侷限性。好消息是，這些策略都相當直白易懂，方便你信手拈來。

　　閱讀本書的過程中，你會有很多時候發出這種評論：「對耶，沒錯！」有時候則會想：

「噢，原來如此！這麼說確實很有道理。」還可能某些時刻打從心底讚嘆：「哇嗚！我壓根都沒有這樣想過……。」最後，你不只會對於自己在邁向成功的漫漫長路上，是否做對了某些事情有更深刻的了解，也更能在偏離成功航道的時候，適時指正自己的錯誤。

更重要的是，從現在開始，你就能夠運用這些致勝祕訣不斷為自己加分，讓個人優勢更加凸顯出來。

目標明確

Get Specific

1

當你要為自己訂定目標的時候，請試圖盡你所能地讓目標明確精準。例如「減掉五磅體重」的瘦身目標，會比「減掉一些重量」來得精確許多，因為前者會給你一個清楚的概念，讓你知道接近成功是什麼感覺。

當心底明確知道想要完成的目標是什麼，就會讓你持續感到積極向上、被激勵，這股力量將會支撐著你抵達目的地，同時也會讓你思考該如何採取明確的行動，讓自己如願達到目標。如果你用不清不楚的目標來向自己喊話，只是模糊地期許自己「吃少點」或「多睡點」，像這樣的目標設定就未免太過籠統了。

請務必將目標訂得既清楚又明確：「我週間一定要晚上十點就上床睡覺，沒得商量。」像這樣肯定地對自己進行心戰喊話，就不會讓你有跟自己討價還價的餘地——因為你知道一到約定的時間應該要做些什麼。

每當我問大家為自己設下了什麼目標，總是會聽到這樣的期許：「能夠在工作上超越他人」、「吃得健康一點」或是「減少開銷、多存點錢」，像這樣子的目標我通常都一概答覆：「很好！但是……你們知道如果真的成功**會是怎樣的一番風景**嗎？要怎麼知道努力到什麼地步，才算是達到目標呢？」通常大家會用一陣沉默來回應我，然後露出困惑不已的表情，接著丟出類似這樣的回答：「我其實根本就還沒有想過這個問題……。」

請花時間去設定出**明確**的目標，把你想要達到的目標都給一五一十地計畫出來，讓內心絲毫沒有任何可以討價還價的空間──不會讓你被「我已經做得夠好了」的藉口給順利說服掉，並且對於應該採取的行動有更明確的方向。

假如我的願望是「跟母親相處融洽，並且保持連繫」，這就不算是個明確的目標。不過可以修改成更為精確的計畫，例如「一個禮拜至少要跟媽媽說上兩次話」，這樣我們便能明確地知道下一步該

怎麼做、每隔多少時間就該付諸行動。數以千計的研究都指出，設定明確的目標是達成目標之前，最為關鍵的步驟之一，儘管這道講求「精準」的功夫常被大家給輕易忽略。

為了避免自己設下「在工作上迎頭超前」這種模糊的目標，你應該要試著讓目標的輪廓盡可能地更加清楚，並且浮現出來。比方說類似這樣的計畫：「至少加薪＿＿＿＿元」或者「至少能在職務上晉升到＿＿＿＿位階」。總之，只要必須努力的方向被設定得太過不清不楚，人們就會很容易在感到倦怠、沮喪或甚至無趣的時候，走向自己內心的惡魔，一步步地向慾望妥協。

但如果要是你設立了明確的目標，就無法繼續自欺欺人下去，你會清楚地知道自己究竟是達成了，還是努力程度仍然遠遠不夠？如果你還在邁向成功的半途中走著，甚至沒有其他路可以選擇，就只能乖乖認分堅持下去。如果想要成功達陣、出人頭地，那你就必須不斷地嘗試！

話說回來，設立明確目標只是邁向成功的第一步，你也得清楚知道沿途會遇到哪些困難與挫敗，會在邁向成功的路上阻擋去向。事實上，你要做的只是不斷地來回思索希望達到的那個成功狀態，**並且**想想該採取哪些步驟才能到達成功的彼端，這個策略叫做「**心智對比**」(mental contrasting)，這種方法對於設立目標超級有效，同時也能增強你於對成功的嚮往。

「心智對比」究竟是如何運作的呢？首先想像一下達到目標時內心會有怎麼樣的感受。請發揮想像力，盡可能地將成功的美好畫面都在腦中清楚描繪出來──實際去想想其中的細節。接著，思考一下過程中會有哪些因素阻礙你邁向成功。

舉例來說，如果你希望得到一個條件更好、薪水更高的工作，就先想像一下自己接受了某間頂尖公司所開出的優渥條件之後，內心那股自信與激昂的感受。接著再想想此刻的自己與那份夢想工作之間，存在著哪些阻礙？兩者落差有多大？──例如

那些會和你一起競爭這份工作的傑出求職者條件為何？這樣一想，是不是會激勵你好好地把自己的履歷再更加充實一下呢？

這個策略就是**誠實感受自己的不足，進而敦促自己必須去付諸行動**。這是一個關鍵的心智狀態，能讓你在邁向目標之前，做好萬全的心理準備。這種心態就像是一股「心理動能」，會驅使你不斷地像輪子般運行前進。

如果整天都在幻想能夠得到好工作，做著美好的白日夢，或許是非常令人享受，但光是這樣空想並不會讓你真的稱心如意。「心智對比」的方法則會透過關注目標、確立目標，來讓你清楚體會按部就班的重要性，讓目標可以具體實現，把願望跟慾望轉化回現實層面。

在我與同事一起進行的研究當中，仔細考察了各式各樣的狀況，施測範圍計有：為了準備全國優秀學生獎學金考試（PSAT）而進入暑期先修班的

十五歲孩子們、人資部門所採行的時間管理改善措施、為單身者覓得伴侶關係、小兒科護士想要增進與病患家長溝通的技能——這些研究最後同樣都有令人滿意的結局。

上述研究顯示，「心智對比」策略是非常值得信賴的，會讓你為了實現目標投入更多力氣與精神，在籌備階段有更多規畫布局，總的來說，也讓你在達標的機率上擁有更大勝算。只需要花上幾分鐘，用堅定的意念在想達到的未來藍圖與眼前此刻遇上的窒礙難行之間，來回反覆設想、推敲，就能夠幫助你找到正確方向，也找到踏上成功之路所需配備的致勝動機。

付 諸 實 行　目標明確

---

1 寫下目標

範例Ⓐ：我的目標是在工作表現上名列前茅。

範例Ⓑ：我的目標是要減掉一些體重。

---

2 問問自己：「要怎麼知道已經達成目標了？」描述一下你得進行到什麼程度，才能**知道**已經實現設定的目標。

範例Ⓐ：要是上司告訴我即將升職為主任，我就知道自己的表現已經領先其他人了。

範例Ⓑ：要是可以穿進 8 號牛仔褲，我就知道自己的體重減輕了。

---

3 用步驟**2**的資訊，回頭重寫步驟**1**的目標設定。

範例Ⓐ：我的目標就是要**升職為主任**。

範例Ⓑ：我的目標就是要**穿進 8 號牛仔褲**。

---

4 現在來用一些「心智對比」的技巧：想出兩個達到目標後的正向情況，與兩個阻擋你邁向成功的負面情況。

範例Ⓐ：

正向情況：我可以賺更多錢。

我可以在公司決策上有更多影響力。

負面情況：我的同事也會來爭取相同的晉升職位。

我不確定上司要的是什麼。

---

5 從第一個正向情況出發，寫下一些關於未來所會遭遇到的狀況，接著再寫一些關於第一個負面情況的句子，並歸納出原因。第二個正向情況和負面情況，請再重複一次上述動作。

　　現在，有什麼感覺呢？ 假如你覺得自己好像很有機會能夠捷足先登，此刻應該感到全身幹勁十足、意志堅定不移！**那麼，接下來應該要怎麼做？**

　　「心智對比」的這項技巧應該能夠幫助你往成功目標順利踏出下一步，帶你闖出那團干擾方向感的迷霧，勇敢邁向成功！

抓準時機，
起步執行

Seize the Moment to
Act on Your Goals

CHAPTER

2

　　大多數的人都十分忙碌，我們手上總是有太多目標得馬上應付，若是因此習慣性地錯失了一些執行的契機而渾然不覺，其實也還算是可以理解的，不必太過驚訝。

　　但是，請停下來仔細想想看：難道今天真的完全擠不出時間去健身房嗎？你真的是忙到連回一通電話的時間都沒有嗎？總而言之，想要達成目標的話，你也必須要抓緊這些時間點，趕在成功契機像流沙一樣從指間悄悄溜走之前，快點起身付諸行動。

　　所謂的抓準時機，就是得事先決定好要在「何時」、「何地」針對每一項任務採取行動。同樣地，正如我們上一章所提到，目標設定請務必「明確肯定」，例如：每逢禮拜一、三、五，上班前要先去健身房運動。研究顯示，透過這樣精確的籌畫，不只能夠幫助大腦在這些難能可貴的機會探頭出現時，機警地偵測到，還能進一步幫助你緊緊抓住這些成功契機，使達成目標的機率大幅提高三倍，成效相當可觀。

在我們之中，真的能夠像最初所期望的那樣擁有許多成就、能有大量成功產出的人，實在是屈指可數。我們都**想要**在重要任務上頭，集中最極致的專注力並且順利派上用場、發揮最大效能，讓時間運用達到最高效率。不過現實往往並非如此：我們總是會被同事干擾、太多來不及處理的電子郵件、被執行計畫中微不足道的小事給絆住、為了讓自己喘息一下而暫時把注意力轉移到其他事情上。

一味地想要讓自己擁有很多的成功、成就，光是有這種念頭並無法讓你**稱心如意**，必須找到有效的方法解決工作時會分心、被打斷的狀況，然後就會不得不承認：你真的有成堆的**待辦事項**！幸運的是，現在有個很簡單的成功策略，被證明確實可以用來讓這個難題迎刃而解。

這個方法叫做「**若則計畫法**」(if-then planning)，這真的是一個超級有效的策略，能夠讓你達成任何目標。超過一百次的研究發現，小至日常瑣事的節

食、運動，大至嚴肅的談判交涉、時間管理，都指向這個結果：只要能夠事先規畫好想在「**何時**」、「**何地**」往目標方向執行任務（例：**假如**下午四點鐘一到，**那麼**我就來一一回覆今天的電話），就能讓成功機率大大提昇兩到三倍之多。

用「**若則計畫法**」來處理目前手頭上的計畫，或是用這個方法來達成健康或人際關係方面的目標，可能是確保成功的一個要件。

「**若則計畫法**」的思維模式如下：

> **假如**X（的情況）發生，**那麼**就做Y（來應對）。

舉例來說：

> **假如**我在午餐之前還沒寫報告，**那麼**回到工作崗位後的首要任務就是寫報告。

假如同事給我太多分心的機會，**那麼**我就要堅守自己只能跟他們談話五分鐘的限度，一講完話就馬上回來繼續工作。

假如下午六點鐘一到，**那麼**我就要花一小時在公司的健身房運動，然後再回家。

用上述方式來計畫目標，究竟可以得到多有效的結果？一項研究鎖定想要養成規律健身目標者，有一半的受試者被要求計畫出他們每週要在「何時」、「何地」進行健身活動，例：假如每逢禮拜一、三、五，那麼我就會在上班之前，先在健身房泡上一個鐘頭運動。

結果十分地戲劇化：幾週以後，沒有進行「若則計畫法」的健身者，只有 39%持續規律運動，實際進行「**若則**計畫法」而持續規律運動的人則有 91%，兩者差異竟然如此懸殊！類似的研究結果也早在其他健康促進行為上發現端倪，比方說每月進行乳房自我檢查（有使用這個計畫法的人全部都達

成；其他人則只有 53％做到）、接受子宮頸癌篩
檢（有使用這個計畫法的人有 92％去做檢查；其
他人則只有 60％去做檢查）。

那麼，為何這樣的計畫法會如此有效呢？因為
它是利用我們大腦的語言──**條件式語言**所編寫而
成的。人類特別擅長在「假如 X（的情況）發生，
那麼就做Y（來應對）」這種條件語境之下，正確
編碼並牢記所釋出的訊息，並且運用語境中的條件
情況引導自己的行為。這個反應往往在我們毫無意
識的狀態下就自然而然地發生了。

一旦在腦中籌畫好「**若則**計畫法」，腦袋就會
無意識地開始運作，搜尋你在計畫當中所訂下的
「假如」。這個步驟能幫助你把握最關鍵的時刻
（例如：「噢，下午四點了！我最好還是來回那些
今天該回的電話。」），即使這個時候你手邊還有
事情在忙。

因為已經決定好該做那些行動，所以就不需要

刻意去想要怎麼執行，或是把時間大把大把地花在仔細斟酌下一步該做什麼。有時候它確實會動用到大腦的意識運作，而你也確實會意識到自己正在遵循自己所訂下的計畫，但重點是，其實你**不需要**有意識地去執行它，也就是說，「若則」計畫能夠在你埋首於其他事情的同時，也能不斷地一一實現目標，這真是令人難以置信的有用。

　　如果發覺自己每天手頭上都有很多重要任務懸而未決，又希望能夠在生活中養成更好的時間管理習慣，就緊緊抓住這些成功契機把事情解決吧！別再好高騖遠、一次設立太多方向──試著訂下一個簡單的計畫就好。透過使用「**若則**計畫法」來一一處理你的目標，就不會整天像無頭蒼蠅似地兜圈子、無事忙。**實際**上你並不會為自己創造更多時間，但是這個思考策略確實會讓你覺得時間變多了。

（付）（諸）（實）（行） 訂定「若則」計畫

---

1 明確指出一項你達成目標之前必須執行的關鍵行動。

---

2 對於這個行動，你打算「何時」、「何地」付諸實行？關鍵情勢是什麼？

---

3 把前兩個部分合併起來：

假如／當＿＿＿＿＿＿＿＿＿＿＿＿＿＿＿＿，
那麼＿＿＿＿＿＿＿＿＿＿＿＿＿＿＿＿＿。

範例：**假如**一到星期一早上八點，**那麼**我就要
去跑步。

---

4 現在，請想出一個可能的阻礙因素，或許是其他更具吸引力的選擇、讓你分心的事物，或是其他會阻礙任務進行的因素。

---

5 當這些誘惑或分心事物迎面而來時，你要怎麼應對？該怎麼做才對呢？

⑤ 把上述的狀況都放進來：

假如／當_____，
那麼_____。

範例：**假如**收到一封同事寄來的信讓我激動憤
怒，**那麼**我就會等三十分鐘再回信，因
為那時我就可以冷靜沉著地應對了。

路遙測馬力

Know Exactly How Far You Have Left to Go

3

　　不管想要達成任何目標，你都必須誠實且規律地檢視自身的努力過程——如果這個工作沒有別人能代勞，勢必就要由你自己來了。假使連你都不知道自己做得有多好，這樣就沒有辦法針對不足的地方進行調整，並且擬定接下來的因應方式與策略。

　　因此，請務必根據目標的性質與需求，亦步亦趨地檢查每個努力環節——可以一週檢查一次，甚至一天一次也未嘗不可。

如果監督自己邁向成功之路的過程中，沒有設定任何反饋機制，那你就很有可能無法隨時具有達成目標的強烈動機。沒有人會覺得在一個空虛、孤立的狀態下，只憑一己之力傻呼呼地打拼下去，會是一個理想的行事策略。

其實說到底，這起因於我們腦袋運作的方法：潛意識會自動去體察距離成功還有多遠——「我們現在進步的程度」與「我們想要達到的目標」，這兩個狀態之間的**落差**還剩多少。一旦腦袋察覺到差距，反而會投注更多心智上的資源，包括：專注力、努力、深度處理資訊的能力以及意志力。

當你完全不知道自己目前進步的程度到哪裡，或是不知道自己朝向目標邁進的定位為何，就很難清楚地去體會自己與成功境界之間的**落差**，這樣一來會導致心中產生的動能不斷地被削弱，直到完全耗盡。所以說，境界落差與內心動機必定是一起發生的，正是因為這種落差給了一個明確的暗示，你才會知道現在就是那個該起身付諸行動的時刻；要

是沒有了境界落差的提醒，你的念頭還是會維持一灘死水、什麼波紋都沒有，**也不會有任何動機因此而被激起**。

所以，當你下定決心要執行一個目標時，就隨時需要反饋機制的提醒，來協助你釐清目前的狀況為何：哪些完成了？哪些還沒有完成？如果沒有其他人可以幫忙，那麼，別無他法了，只能透過自我檢視的步驟來完成這項重要的任務。

不過，可惜的是，評估自己努力程度的頻率，並沒有一套簡單規則可以依循。多久該做一次這樣的評估工作呢？最佳頻率為何？這得看你**希望達成目標的時間**來決定：這禮拜就要達到目標？今年完成？還是五年之內實現就好？

如果想做長遠的計畫，就可以允許兩次評估工作之間，在時間上有比較長的間隔。若是針對短程計畫，就要採取更頻繁的評估頻率，這樣一來可以確保你仍在往成功的路途上持續昂首邁進，沒有任

何錯誤或偏離的狀況產生——因為你已經沒有多少空間可以犯錯了，或者應該說得更精準一點：你已經沒有多少時間了。

應該要依照自己在**學習曲線**(learning curve)當中的位置，來決定多久收到一次反饋意見。近期研究指出，如果這個目標是過去從未執行過的，就不應該投入太多自我評估的工作，因為如果太頻繁地讓注意力從正在埋首進行的事情上移開，以便處理「檢視」與「反饋」的評估作業，其實反而更讓人感到干擾。尤其是正在努力著手一件從未執行過、不太上手的任務時，這種情況最是讓人煩心——因為這樣一來，你就會同時在學習認知與個人感情上開始有了需求，蠟燭兩頭燒的情況下，將會大大干擾邁向成功的任何學習與表現。

因此，必須讓自我檢視的工作維持在一個最低限度，一直到你對於「目標為何」以及「要怎麼實現目標」這兩個部分，都有了更深層的認識之後，才可以增加自我檢視的頻率與密集度。

假設「自我檢視」與「尋找反饋」這兩項步驟，對我們來說這麼事關重大，那你可能會疑惑：「為什麼我們很少這麼做呢？」首要原因，也是最明顯的原因：這兩個步驟其實必須花上很多精力。請想想看：你得馬上停下手邊任何正在進行的其他要務，只能全心專注在評估工作上，而且評估出來的結果往往不一定都是好消息，也不會讓你感到振奮鼓舞。

有時候我們會蒙蔽自己，故意不去檢查實際進度，這是因為不願意正視只有進步一點點的殘酷事實。你是否曾經發現自己刻意避免站上體重計？這就對了！正是因為自我檢視這項課題需要付出很強大的意志力，尤其是越到後面階段，越需要這項自省能力，因此你可以透過善用「**若則**計畫法」，來規畫自我評估的期程，讓這項工作能夠更加得心應手。

另外，在自我評估方面還有一個關鍵重點：做好做對！請務必用正確的方法來做事情，這樣才能

從開始到完成都維持著一貫的動力。如果做事沒用對方法的話，可能會產生一種假象——讓你太早嚐到成功的甜頭——這種過於不切實際的做法，將會大大弱化你對於完成目標的動機。

芝加哥大學的兩位心理學家——古敏中(Minjung Koo)與艾萊特·菲什巴克(Ayelet Fishbach)，最近在研究人們追求目標的行為時，發現以下兩種情況：如果我們不是被「專注於已經完成多少項目」（**已達**思維／to-date thinking）所影響，就是被「專注於還有多少項目待完成」（**未竟**思維／to-go thinking）而左右了動機與心智。

人們在評估自己的成功進程時，經常習慣性地使用上述這兩種思維模式——馬拉松跑者可能會想選擇其中一種想法去衡量跑步任務：「已經跑完了多少路程」或是「前面還剩下多少路程要跑」；而想減掉三十磅體重的節食者嘗試戰勝美食誘惑時，則常常會透過「已經減掉二十磅了」或「還有十磅等著被減掉」這兩種想法來提醒、鞭策自己。

直覺來說，這兩種方法都有各自的優點，不過如果用了太多的「已達思維」而使心態太過沉醉於目前已經完成的部分，真的會**削弱**想要完成任務的動機，使得人們很有可能一直維持現狀，就此停滯不前。

古敏中與艾萊特‧菲什巴克的研究不斷指出這個現象：當我們正在追求一個目標，並且思考自己已經完成多少的時候，將會提前感受到一種已經成功的假象，因而開始漸漸散漫起來。

舉例來說，一項研究針對正在準備主科考試而努力讀書的大學生，實驗時將學生分成兩群，一群被告知**還剩** 52％要努力研讀以便應付考試，另一群則被告知已經讀完 48％。將兩組放在一起比較之後發現：前者準備起考試會比後者來得更有鬥志。

把重點放在已經完成的部分時，我們也有可能會試著想要達到一種 「平衡感」，而在**其他**重要

目標上也想要順勢有所進展，因此導致駕駛多頭馬車、顧此失彼的結果，最後沒有一匹馬能夠如願抵達終點。

但相反的，如果選擇著重於「**未竟**思維」，也就是把注意力集中於還剩下多少進度該好好去努力的話，想要成功的動機不僅會被維持住，甚至還會因此被增強。

所以當你在評估自己的成功進程時，一定要把專注力堅持鎖定在目標上，千萬不要覺得自己已經做完了一半的工作，就因此感到沾沾自喜。請務必把喜悅之情留到任務被好好地、**徹頭徹尾地**完成之後，再來慶功也不遲。

1 請先決定好：要多久回頭檢查一次你往目標邁進的每個步驟。（當然這中間可能會有一些實驗與錯誤；也不用對於自己在打拼的過程中不時需要一些反饋意見的心態感到過於驚訝，因為這真的是再正常也不過了。）

2 決定好要用來評估自己成功進程的資訊是從何而來？要怎麼樣才能得到這些資訊？你能夠完全依靠自己來進行自我評估嗎？還是需要另外一個客觀的意見，或者仰賴其他人的專業來進行呢？

3 替自己設計一些提醒方式來執行評估工作：可以使用行事曆、便利貼，或是在特定時間點設定好一個「**若則**」計畫，評估看看自己邁向成功的步驟。

不要只是一直安慰自己說：「哎呀！我會記得的，放心。」 但其實你比自己想像的還忙，應該會完全記不起來。

4 如果希望一直維持著成功動機，請每次都這樣想：
「我應該還要做哪些事情才能達到目標？」也就是
透過「**未竟**思維」去評估：「我還剩下多少路程要
走？」提醒自己應該好好腳踏實地，而不是一味地
沈醉在「我已經完成這麼多事情」的念頭裡面，自
負、得意卻始終原地踏步著。

當個務實的樂觀主義者

Be a Realistic Optimist

4

設定目標以後，就請竭盡所能，努力讓自己擁有大量的正向、積極思維，使這些想法引導你往目標方向前進。「深信自己有能力成功」這個想法對於個人來說，無論是用來創造動機或維持動機，都是超級有效的方法。但是，無論如何，千萬別低估到達成功境界之前，還有多少坎坷路途要走，大量而辛苦的付出肯定是在所難免。

大多數值得努力追求的目標，都需要我們付出時間、事前縝密的計畫、不斷努力並堅持到底才能達成。研究指出，如果我們只是用腦袋瓜空想，認為所有事情都不費吹灰之力就能手到擒來，這種想法會讓你無法對眼前即將展開的長途旅程做充分準備，如此一來反而大大增加了失敗機率。

為數不少的激勵型演講者，以及坊間許多關於自我提昇的書籍，所傳遞的訊息其實都出奇地簡單：只要你相信成功會不費吹灰之力地找上你，那麼它就**真的會來**敲敲你的門。

不過這裡面存在著一個關鍵性小問題，小到足以讓所有人忽略，讓大家紛紛癡人說夢起來，那就是：這種說法其實是個天大的謊話！

事實上，一直空想著「不勞而獲」的假象，不但對成功是完全沒有幫助的，而且還會導致慘烈的失敗。如果想要毀掉對方為成功所付出的種種努力，就請你這樣告訴他吧——幫他把未來畫成一個虛幻的大餅——這樣的空想是一條直奔失敗的**捷徑**。這是真的，我絕對沒有誇大其詞。

不過為什麼會這樣呢？樂觀難道不是一件好事嗎？話是這樣說沒錯，樂觀的態度與伴隨而來的自信，對於邁向成功之路所必須具備的「創造動機」與「維持動機」兩項要素，其實都是不可或缺。樂

觀主義者的心理狀態也比較健康，能夠很快地從疾病當中康復，較少遭遇意志消沉的情況。另外，判斷輕重緩急與多工處理的能力，也都表現得比其他人出色。再者，也更能適應種種困境與挑戰，隨時調整自己的狀態。

當你這樣去設想樂觀主義者，並從他們身上發現上述完美且高效能的結果時，就不需要太訝異了。科學心理學的創始者之一亞伯特‧班度拉(Albert Bandura)，早在幾十年前就發現，預測一個人會不會成功的最佳指標可能是：他是否**相信**自己會成功。

但是對於樂觀主義者來說，維持一貫的樂觀態度、相信自己會成功，本來就是他們出於本能會做的事。經過無數的實驗之後，亞伯特‧班度拉終於證實這些樂觀主義者的樂天空想，其實是錯誤的——並不是樂觀就一定會成功。

不過這當中有一個關鍵警訊經常被我們忽略

掉，所以請務必特別留意：若是想要成功，必須設法在「相信自己會成功」與「相信自己會**輕而易舉地**成功」這兩個境界之間，釐清當中最關鍵的差異是什麼。換句話說，也就是「當個**務實**的樂觀主義者」跟「當個**不切實際**的樂觀主義者」兩者之間的差異。

　　腳踏實地的樂觀主義者（也就是班度拉過去所推崇的那種類型）相信自己終究會成功，但也同時相信他們必須要**將成功付諸實現**，例如透過：竭盡全力、細心籌畫、堅持不懈，以及選擇正確的策略等方法朝目標一步步邁進。

　　他們清楚知道著手處理困難的時候，必須要以認真嚴肅的思考與態度來應對各種狀況，也正是因為這樣的前置準備作業，才讓他們大大增加把事情徹底完成的自信心。

　　相反地，那些不切實際的理想主義者，反而會一味地去相信：「成功終將會**降臨在他們身上**。」

也就是抱持著「這世界會因為他們所擁抱的正向思考而獎勵他們一番」的想法，或者不知怎地深信自己會變成那種「隔天起床之後，眼前的困難就全部消失無蹤」的幸運兒，簡直像是天方夜譚。（但是請別忘了：就算是超人，也有克利普頓石(Kryptonite)這個致命剋星，能把超能力通通奪走，讓你虛弱到不堪一擊。當然，超人另外還有一堆不為人知的身分認同問題等著他解決，另外還有人際關係方面的問題。）

在不切實際的樂觀主義者的想法裡頭，我們發現最明顯的危險例證之一，從減重的相關研究就可以看出端倪。心理學家蓋布瑞兒‧歐廷珍(Gabriele Oettingen)訪談了一個減肥課程團體，成員都是過重的女性，她詢問她們：「對於自己的減重目標有什麼樣的感覺？」歐廷珍發現，結果正如事先所預期的，那些對減重有信心的女士們，會比懷疑自己能力的人多減了二十六磅之多。

不過歐廷珍也對這些女性做進一步訪談，希望

她們能透露：心中所想像的減肥成功之路是什麼樣子？──是否覺得難以拒絕美食的誘惑？面對會議室免費招待的甜甜圈，或者再次造訪吃到飽餐廳，是否能毫不猶豫地說：「不！」歐廷珍得到的結果令人驚訝：那些深信自己**輕輕鬆鬆**就能減肥成功的女性，與那些認為減重過程絕不可能一步登天的人相比，減重幅度竟然足足<u>少了</u>二十四磅。

歐廷珍在以下三種研究對象身上，找到與上述減重女性一樣的模式：大學畢業想覓得高薪工作的學生、想尋覓長久戀愛關係的單身者、做完髖關節置換手術後康復中的長者。務實的樂觀主義者若處於以上三種情形，會分別做出下列的積極反應：寄出更多的履歷表來為自己爭取工作、為自己找到勇氣去接近可能可以發展感情的對象、在復健療程中加倍地努力。無論是哪種情況，像這樣子的努力向上，都會讓成功機率大大提昇。

如果心裡清楚地知道走向成功的路途將會十分坎坷，這種腳踏實地的念頭則會讓你往**更大**的成功

邁進，因為積極的想法將會驅使你踏實地付出並且
行動。那些有信心自己能夠成功，但也同時堅信成
功絕對不會輕易上門的人，會願意付出更多的努
力，也會在問題發生之前洞燭機先，擬定計畫一步
一步地解決阻礙，並且在面對困難時繼續堅持下去。

然而不切實際的樂觀主義者，比較不會去思考
前往目標的路途中還會出現多少崎嶇轉折，他們反
而比較偏向魯莽行事，不經思索就去做一些危險、
投機的行為。還會很得意地調侃你：「你噢你，就
是太悲觀了！」尤其是在你勇於對情勢表達憂慮與
關切之意時、在你就要退一步來進行沉思布局時，
甚至是在你遇到阻礙而躊躇不前時。

事實上，在他眼中被認定為悲觀負面的上述思
維，反而是邁向成功的必要條件，這些運籌帷幄的
想法與自信、樂觀，其實根本就不是對立的，也不
是像他所想的那樣完完全全跟「畏縮」畫上等號。

如果我們**僅僅**關注眼前自己想要的事物，無法

同時考量並照顧到其他因素，這種既天真又魯莽的思維，不只會讓企業領袖個人遭殃，有時候甚至會將整個企業都置於危險的境地。

　　結合積極的態度與誠實的評估，去面對即將來臨的挑戰，並以這樣的方式來培養腳踏實地的樂觀哲學。萬萬別去空想最後那個成功的美好狀態，反而應該要去設想達成目標之前，那些一步一腳印的艱辛。

1. 如果想要增加自己的信心，唯一有效的方法大概就是從過去的成功模式當中汲取致勝經驗。當你發現滿腦子充斥著懷疑自己的想法時，先別急，好好停下來回想一下以往達成過的目標、過去曾克服的難關，請盡可能地把細節想得完整透徹。你可以把這樣的回想步驟設計成一個「**若則**」計畫：

> **假如**我懷疑自己的話，
> **那麼**我就要開始回想：以前我曾經 _____。

研究顯示，這個回想的工作對於增強信心來說是非常有效的策略，無論用在備感焦慮的考生身上，或者是賽前極度焦躁的運動選手，都是很有幫助的。

2. 如果想讓樂觀想法可以更加**貼近現實層面**，請在追求目標的時候，好好地思考這一路上非常有可能會遭遇到的困難、阻礙與挫折。同時，也要設想一下該怎麼應付每個挑戰，這個步驟也一樣重要。如果一開始採取的策略行不通了，替代方案會是什麼呢？（這也是另一個使用「**若則**計畫法」的好時機。）

請切記：邁向成功的道路上勢必困難重重，如果你因此而小心謹慎、步步為營，這種態度並不是別人口中的「消極、負面」。反過來說，如果你不採取洞燭機先的策略，**才是**真正的無知愚昧。

求好，不求有

Focus on Getting Better, Rather Than Being Good

5

　　相信自己**擁有**「達到目標」的能力很重要，但是相信自己能夠**得到**這種「達到目標」的能力，也是同樣重要。我們當中很多人都深信，智力、個性以及體能等等都是天生註定的，其實也就是在暗示自己——無論再怎麼樣努力，都沒辦法讓這些已經註定的能力獲得任何改善。

　　正是因為有這樣的想法，我們才消極地把目標全都鎖定於如何在有生之年，善用這些老天爺賞賜的能力來一步步證明我們自己本身，而不是積極地去鍛鍊、養成新的技能。

　　好消息是，數十年的研究成果發現：傻傻相信「能力天註定」的這個想法，是完全大錯特錯的。所有類型的技術和能力，追根究柢其實都是可以鍛鍊得出來的。

　　請務必深信不疑——你終將能改變現狀——這樣的想法能夠幫助你每次站在人生十字路口的時

候，找出最理想的那條道路，並且勇敢走下去。而當你擁抱著這樣的積極想法時，也可以把自己最飽滿的潛能，盡情發揮到極致。

　　究竟什麼樣子的人才能採取冷靜的態度，讓「困難」一起與他在邁向成功的道路上結伴同行，並且可以不被干擾、影響呢？究竟是什麼樣子的人，會珍惜這趟艱辛旅程上的點點滴滴，甚至能夠一路懷著感激，而不把抵達目的地當作是終極目標呢？沒錯，就是那些能夠「**更求好**」的人，而非那些「**只求有**」的人。

儘管有些人可能是「有目的性」地維持積極態度，試圖著手處理從末挑戰過的任務，最終目標則是為了希望能在職場上爬到更高的權力位階。不過，大多數孜孜矻矻努力工作的人，還是只圖求個溫飽，不想去接受任何艱鉅挑戰，盡量避免自己在工作上有出大紕漏的機會。

確實，一肩扛起嶄新、陌生任務的全部責任，的確會讓我們產生懼怕的心理，這是很容易理解的事。當你沒有任何經驗的時候，犯錯的機率就會大大增加，所以大家都視「新」任務為燙手山芋，避之唯恐不及，這種現象真的是見怪不怪。

那到底要怎麼樣才能讓自己充滿動力，帶著信心與能量去擔負起新的任務呢？答案其實再簡單也不過了，儘管會讓你有點小小吃驚——就給予自己一些機會，去把事情搞砸吧！

我知道這樣的說法聽在你耳裡，不會是多麼令人振奮的消息，因為你當下立即的反應可能會是這

樣：「如果搞砸了，我就是那個要去承擔後果的人呀！」但是且慢，先別擔心這個，因為研究指出，只要我們被賦予機會去犯錯，犯錯的機會反而會大大地**降低**！以下就容我慢慢解釋吧。

　　人們不管著手處理任何難關任務，都會採取下列兩種心態的其中一種：第一種稱為「**只求有**」——採取這樣侷限態度的人，會把重點聚焦於證明自己有很多能力，而且已經意識到當下自己的能力限制在哪裡、從來不思追求突破，活脫脫是隻井底之蛙。另一種是「**更求好**」——採取這樣積極態度的人，則會花很多力氣去培養新的能力，學習如何專精熟練新學到的技能。

　　對於現況沾沾自喜而採取「**只求有**」心態的人所會面臨的問題，就是當他們遇到不熟悉或是有困難的狀況時，總會落得事與願違的結果。如果我們採取這樣的心態，很快地就會開始覺得自己並不清楚自己的實際狀況、認為都是因為自己的能力不足而造成的，這樣一來，心底就會產生一股很大的焦

慮感。無數的研究指出，**再沒有什麼**比焦慮感更能
干擾我們的表現與效能 —— 焦慮根本就是人類生產
力的頭號殺手！

相反地，擁抱「**更求好**」心態而能更上一層
樓、不斷精進自己的人，在實務上就幾乎是無堅不
摧的。只要能夠不厭其煩地持續思考如何學習並熟
稔新的技能，探索究竟還有哪些事情是我們能做
的，並且能夠容許在這過程中「可能會犯錯」的不
完美，就能讓想要成功的動機一直保持在意志當
中，儘管前方確實有一些挫折即將接踵而至。

在此提供一個佐證的例子。幾年前我在里海大
學(Lehigh University)與蘿拉・蓋勒蒂(Laura Gelety)
一起合作的實驗中發現：那些抱持「**只求有**」心態
行事的人（也就是會想盡辦法彰顯自己擁有多厲害
本事的井底之蛙），在「問題解決」測驗上表現得
非常糟糕，尤其當我們把測驗的難度調高時（例如
常常故意去干擾他們作答，不然就是額外丟一些無
法解決的問題，加重他們的負擔）。

　　令人感到驚奇的是，那些精益求精、抱持著「**更求好**」心態的人（也就是能夠把「問題解決」測驗，當成是學習新能力的契機的那群人），我們這些煩人的小伎倆反而**完全無法影響**他們。無論我們多麼努力試圖打斷這些上進的受試者，他們的致勝動機都能完全不被外界動搖，而且他們的測驗結果也表現得非常亮眼。

　　我們之中的大多數人在實際執行一項新計畫或是目標時，都期待能把一切做到完美無瑕的地步，無論這件事情多麼具有挑戰性。如果以這種態度行事，我們就是把目標鎖定在「**只求有**」的心態上，最後終究落得一場空（而且非常有可能真的會發生），這絕對不是我們所希望遇上的恐怖情況。

　　諷刺的是，懷抱「**只求有**」心態去做事的人，與「**更求好**」的人雙雙比較的話，前者所遭受到的壓力在於想讓一切都有完美表現，這樣患得患失的心境卻往往導致更多機會出錯、表現得更差強人意。

不過，這兩種心態的差異還不只如此！有研究更進一步指出，「**更求好**」的心態還會改善我們在努力過程中的感覺。挽起袖子打拼時，專注想著這樣一步一腳印的過程，能夠讓我們漸漸地進步，而不是非要把事情都做到盡善盡美，自然就能更加樂在其中。

現在最怕的是——你覺得要從奮鬥過程中得到樂趣，根本就是天方夜譚。且讓我用堅定的口吻告訴你：「這絕對**不是**無稽之談，而且像這樣的積極念頭能夠大大驅策你邁向成功的意志！」

得要從正在打拼奮鬥的事情中找出樂子來，並且由衷相信這樣子的內在價值，就是維持成功動機最有效的途徑之一，不管前方有多少困難挫敗、甚至是無法預期的阻礙會經常出現，不時擋住你的去向。

事實上，最近一系列的研究已經指出：我們從拼搏過程中所得到的這種樂趣，不只能夠在你覺得

累到不行的時候，持續灌注一步步堅持走下去的動力，這種忙得很快樂的心情，還能**一次補足漸漸喪失的精氣神**！

在加州州立大學(CSU)心理學家所做的研究當中，他們先讓受試者嘗試進行一項特別艱難磨人的任務，再分別用以下兩個狀況繼續進行實驗──**接著**做一項「困難卻有趣」的任務，或者「簡單卻無趣」的任務。

他們發現，選擇埋首於困難卻有趣的任務的前者，比選擇埋首於簡單卻無趣任務的後者，投入了更多心力、也有更棒的表現（儘管身心俱疲），就算他們的任務比無趣的那種**難上許多**。換句話說，如果我們能從工作中得到樂趣，耗掉的氣力反而可以因此復原，在實質上得到很大的助益。

在另一項研究之中，研究人員更進一步發現，在工作中得到的樂趣，能夠一直感染**隨後接續**的工作，讓你表現得更好。

換句話說，你不可能一開始做 A 任務時就馬上發現樂趣所在，並且覺得自己漸入佳境；應該是你從**做 A 任務的時候就開始覺得有趣**，接著做 B 任務時，才算所謂的漸入佳境。那種讓你忙出樂趣而得心應手的佳境，就是這樣從接續的工作中源源不絕地出現，讓你覺得一帆風順、左右逢源。

附帶一提，上述這些研究都有比較過「保持高昂興致」與「維持好心情」這兩項成功要素的效果，並且發現幸福滿足的感受能讓我們充滿能量，恢復元氣與精力，如此一來更能對埋首的工作保持高度興趣，得到更多收穫。換句話說，讓自己全心全意地投入工作之中，就能像一輛加滿油的車子，一路往成功的坦途駛去。

務必記得，剛開始請容許自己**不用**把事情做到盡善盡美，能夠接受缺陷的存在，並且清楚知道所有的進展都是一條學習曲線，進步是需要靠時間來培養的。這樣一來就能順利從焦慮的狀況中安全抽離出來，不至於讓它有機會左右你的情緒，也能與

工作中的樂趣和回饋更加緊密地連結。

　　透過這樣循序漸進的方法，不僅能夠增加成功的動力，還能大大降低發生**任何**失誤的機率。到了這個境界，你就能放心地去追求完美了。

付 諸 實 行　求好，不求有

1 當你剛開始遇到一件困難又不熟悉的任務時，請切記調適好心情：你勢必需要多一些時間來適應新的狀況，距離真正上手還有一大段路要走。在得心應手之前，可能會或多或少犯下錯誤，這真的再正常也不過了。

2 善用身邊的專業人士來協助你邁向成功，他們是珍貴的人脈資源。當你遇到麻煩時，千萬別怕向他們尋求奧援，大家會因此而更看重你，而不是看輕你。

3 絕對不要把你自己和自己目前的表現拿來與其他人比較 —— 請跟**過去的自己**比較！問問自己：現在是不是正在進步中？這個才是最重要的問題！（如果你此刻的回答是否定的，請退回步驟 **2** 。）

絶不鬆手

Have Grit

　　毅力是一股強烈的意志力，讓我們能完成長途遠征的目標，面對難題的時候支撐我們一路堅持到底。研究顯示，那些永不輕言放棄的人，終其一生可以學到很多東西，大學時期的學科平均表現(GPAs)也較為卓越。

　　評斷西點軍校的新生能否撐過第一年的嚴峻集訓，就要看看他們身上是否擁有堅毅的人格。事實上，甚至可以由這個線索預言全美拼字比賽(Scripps National Spelling Bee)的選手可以參賽到哪個階段，闖過哪些關卡。

　　值得開心的是，如果你現在是屬於容易放棄的類型，其實還有機會能把堅忍不拔的心性給慢慢鍛鍊起來。與其說缺乏堅毅的個性，不如說是因為一開始內心就承認：自己和成功人士並非同一種人。我們身上原本就帶有致勝特質，只是連自己都渾然不知，假如你剛好也覺得自己不可能成功，那我得不客氣地說一句：「你可真的是大錯特錯！」

　　就如同先前所說的，成功的必要關鍵有很多：努力不懈、縝密計畫、堅持到底以及運籌帷幄。我們腦袋需要的不是負面想法，反而應該好好去思索上述這些致勝條件，這樣一來，不僅能把自己看得更清楚，也能把目標看得更透徹。同時在了解自身狀況之後，才能在琢磨「毅力」這項重要工作上，得到明顯的成效，讓我們能夠緊緊握住每個成功的契機，絕不輕易鬆手。

6

絕不鬆手

我們總是對才華與能力的展示印象深刻：受過專業訓練的運動健將、電腦高手、數學奇才、大膽決策的企業家、造詣非凡的音樂家、天賦異稟的作家——上述羅列的這些人都幾乎受到大眾的敬佩，因為我們欣賞他們卓越的才幹，但激賞不已的同時也難免帶有小小的忌妒心。你很難找到有人不希望自己再聰明一點、再有創意一些、在溝通協調方面再更有能力一點，或是能具備更高明的社交手腕。

史丹佛大學心理學家卡蘿·杜維克(Carol Dweck)的研究認為，關於天生擁有的能力本質，人們贊同以下兩種說法。第一種人抱持「**固定心態**」，選擇相信自身才能是**固定不變**的，也通常認為能力是天生就註定好的。這樣子的人只會希望一輩子的表現都能穩當順利、不要出錯就好。換句話說，他們相信就算擁有多厲害的聰明才智或是創意點子、個人魅力，對於成功這件事，說到底還是會束手無策。（順便說一下，像這樣的想法當然是不足以被採信的。人類的才能並不是這樣運作的，絕對不可能被這樣侷限住。）

反觀第二種擁抱「**成長心態**」的人，他們選擇相信自身才能是可以繼續**鍛鍊琢磨**的——可以透過後天的努力與經驗來改變，而且是真的會實現。根據證實，相信這種信念的人才是完全正確的。你真的可以去培養許多想要擁有的才華，只要抱持著這樣正向積極的念頭。而你所需具備的人格特質，就是堅忍不拔的毅力！

在心理學家的概念當中，所謂的「毅力」，指的就是能夠堅持到底，能為長遠的目標下定決心，一步步踏實執行。針對成功人士的無數研究——不管是體育選手、音樂家、數學家或是發明家——都在在顯示出：邁向成功與提昇能力的關鍵就在於一絲不苟的反覆練習，必須投入不計其數的時間來讓自己熟練必要的技能與知識。像這樣艱辛的反覆錘鍊過程，要是沒有堅忍不拔的態度來支撐，絕對不可能輕易成功。

「毅力」就是當我們正面迎向難關的時候，矢志絕不輕言放棄，就算再累、再沮喪，或者只是因

為感到索然無味。而用來評斷是否會放棄的最佳工具，就是去看一開始我們是如何**理解分析**這個難題的。當你卡關了，內心反覆煎熬的時候，你會把責任歸咎於什麼呢？

擁有「固定心態」想法的人因為深信能力是天生註定、無法改善的，於是傾向把挫敗歸咎於自身能力的**不足**，才無法解決眼前障礙，認為：「**如果這件任務對我來說很難，我就一定不可能把它做好。**」正因為如此，缺乏毅力的人太早就自我放棄，於是不經意間增強了他們錯得離譜的信念，覺得現況根本沒有辦法改善。

另外一方面，擁有「成長心態」的人，他們的心志偏向把責任歸因於他們所能控制的條件上，好好反省檢討自己的挫敗——是自己努力不夠嗎？用錯了策略？還是規畫不夠周詳？在他們面臨重大難關時，反而會**更加努力**，讓正面積極的信念伴隨左右，督促他們：「改變和進步是隨時都有可能發生的。」像這樣永不放棄的作風，最終會為他們帶來

豐碩的成果，也帶他們往更開闊、更長遠的目標前去。

有趣的是，最近的研究指出，這些抱持「固定心態」想法的人，不只缺乏能帶來「進步」的這帖毅力良方，事實上，他們甚至常常下意識地認為「進步」這個想法是會帶來焦慮的，因為他們相信「進步」根本就**不可能**！

多倫多大學的兩位心理學家傑森‧普朗克斯(Jason Plaks)與克莉絲汀‧史黛契(Kristin Stecher)所做的研究中，讓大學生們挑戰了極富難度的各項推理問題，在第一回合結束後，每位受試者都會收到同樣的測驗回饋：他們的表現超過 61％ 的受試者。

接著，全部的學生都要上一堂關於如何解決這些推理問題的課程，內容包括推理訣竅以及解題策略。結束第二回合測試之後，有些學生會被告知，表現與第一次的測試結果完全一樣；不過其他人卻收到這樣激勵人心的反饋：「表現已經大幅進步到

超過 91% 的受試者了！」

　　果不其然，所有得知成績大幅進步的學生，都對自己努力過後的成果感到十分開心。但是，其中抱持「固定心態」的大學生們，還是深深相信自己不可能真的會進步，並且向研究人員回報他們的**焦慮感**增加了。他們焦慮不安的程度越嚴重，接下來在第三回合測試的表現就越差強人意。（事實上，被告知第二回合根本沒有進步的「固定心態」學生，反而比收到進步回饋的人在第三回合的表現還要出色許多！）

　　所以說，**不期待**自己會進步的這個念頭，真的是在暗示我們：「確實打從心底寧願自己都**沒有**長進嗎？」我可不想把話說得那麼死。其實，每個人當然都樂於見到自己能夠突飛猛進，不過單單對於「固定心態」者而言，「焦慮」會與「進步」一起找上門來，這種不請自來的焦慮感反而會回過頭來狠狠咬你一口，大大削弱接下來的表現，並且吞噬掉自信心，讓你覺得「進步」這檔事根本從來就是

一場不切實際的空談。

　　驀然回首，上面這些研究讓我對自己過去的往事有了一番新的見解，例如以前打撞球的經驗。我可以很坦蕩蕩地承認，我的撞球技巧真的糟糕到不行，大學時期曾經玩過一小段時間，但真的都是慘不忍睹的狀況。很快的，我就把這個活動從休閒名單當中刪掉，考慮從此不再玩了，並深深覺得我天生就是無法手眼協調，不是屬於肢體靈活的那種人。（我想，在此應該要先提一下我的手眼障礙黑歷史給大家參考：記得十歲的時候，哥哥在家中後院試著要教我接球，怎知我的手竟然沒有派上用場，反倒是用臉去把球給接了起來，鼻樑都斷了！）

　　幾年光陰過去，我竟然跟一個極度熱衷撞球的傢伙約起會來，有一個晚上他說服我再重新給撞球一次機會，我們就在住處附近的酒吧打起了撞球。在我們要開始之前，他幫我上了一堂撞球小教室，稍微提點一下基本訣竅：如何握杆、怎麼瞄準⋯⋯

諸如此類應該注意的事項。後來我們開始玩，結果意想不到的事情就這樣發生了——我竟然**厲害得不得了**！事實上，我真的只差一點點就要打敗他了。

直到此刻我還記得，當時除了因為自己技術進步而感到瘋狂興奮之外，整個人也徹頭徹尾地被那進步神速的狀況給嚇傻了，腦子裡一直想著：「我是**真的**進步了嗎？」「這怎麼可能呢？」「**這種事情我根本就不擅長啊！**」「也許這只是僥倖而已。」

幾天之後，我們又碰面再玩了一次，我懷著前所未有的緊張心情走向那張撞球桌，腦子裡甚至不斷地想著我一定會打得很糟。結果到底會怎麼樣呢？我實在是毫無頭緒。結果極度忐忑不安的感覺，就這樣徹底摧毀了我打撞球的能力——竟然連一顆球都沒掉進球袋裡！我心裡想著：「就知道我不可能辦得到！**上次只是運氣好而已，這種事情我本來就不拿手啊！**」

是啊，當然，我知道我們現在討論的是打撞球這種雕蟲小技，我理解這不是那種會在生命經驗裡做出一番改變的重要技能，不過，要是把這段撞球經驗的狀況，真的換成我們生命經驗中那種不可或缺的重要能力呢？

比方說，要是我當時從休閒名單中刪去的不是撞球這項無所謂的娛樂，而是刪去數學的解題能力呢？刪去運用複雜電腦程式的能力？刪去寫出好文章的能力？要不然，把能夠成為領袖的能力也刪掉好了！我們都不要有創意的火花好了！也把冒險的勇氣拿掉如何？把能夠做出精湛報告的能力刪掉看看呢？或是放棄我們在社交上的種種手腕與技巧？如果是**極其重要**的能力，只是當時的我認為自己已經無法再進步了，就把它從完整的生命拼圖中拿掉呢？日後會不會因為獨獨缺漏那一小塊而覺得遺憾終生？

總而言之，無論是哪種學習的機會翩然降臨時，你都很有可能看不見持續的進步，因為說到

底，你根本就打從心裡不相信「進步」這件事情是有可能發生的，當然也就不會具有恆心毅力。要是「進步」真如你所說的：根本就是天方夜譚，那也就失去了做出任何嘗試的意義。尤其當整個過程又很艱辛的時候，意志力更會這樣子一路消沉下去。

如果真的相信人類的能力就是天生註定、無法精進的話，那就恰巧坐實了自我實證的預言——悲觀的念頭終究會在你身上得到應驗。而隨之而來的自我懷疑，也會在最後一哩路把你毀得一乾二淨。

所以，如果想要出人頭地、想讓自己的潛能發揮得淋漓盡致，就要**隨時檢查自己的基本信念，而且必要的時候，也可以挑戰一下自己對於成功的信念**，看看是否依然像當初一樣，穩固而堅定。

「改變」**真的**隨時都有可能發生，而我在這裡所揭示的訊息也已經相當清晰可辨了。**沒有任何**能力和技術不是經過無數的經驗累積與不斷嘗試，才辛苦得來的。下次如果又發現自己開始有這樣的想

法：「唉！我就知道我沒這本事⋯⋯。」請你切記：「你只是**還沒有**變得很厲害而已。你一定有這本事，只是時候未到罷了。」

付諸實行 不放手，直到夢想到手

1 你在工作上是否有任何感到不拿手、力不從心的部分？請花一點點時間思考一下，務必誠實回答。

2 現在，請捫心自問：對於上述這些不拿手的部分，你是否相信自己終究能夠**變得**可以勝任？還是覺得自己已經束手無策，永遠都會這樣深陷泥淖而無法動彈？

如果答案屬於後者，那麼這個信念對你來說並不公平，因為這是錯誤的觀念。請切記：「讓自己越來越好」是**永遠**都有機會發生的，請讓這信念成為你追求目標的堅強後盾。

3 每當你被消極的「固定心態」狠狠咬住不放時，請勇敢無懼地去迎戰這頭悲觀的巨獸！只要把念頭專注在讓自己精進、培養鍛鍊新的技能，自然而然就可以在追求目標的這條長路上，隨時把手中的機會緊緊握住，絕不鬆手讓任何成功的可能就此溜走！

錘鍊意志的肌耐力

Build Your Willpower Muscle

7

　　自我控制的「意志肌肉」，其實與我們身上任何其他的肌肉無異，是能夠鍛鍊出肌耐力的！所以一旦運動量少了，肌耐力也就隨著時間漸漸虛弱，不過要是好好地、規律地訓練意志肌肉，成功的信念就會日漸強大、茁壯，最後還能夠幫助你如願達到理想目標。

　　如果想要錘鍊意志的肌耐力，就得要承擔一項新的挑戰——也就是一件你能做得到，卻打從心底不太願意去做的事情，舉例來說：戒掉高油脂點心、每天做一百個仰臥起坐、抓到自己懶散的小辮子時馬上端正姿勢把腰挺直，或試著去學一項新的技能。

　　當你發現自己力有未逮，想要讓步、想要放棄，或是只是什麼都不想管的時候——可別讓「懶惰」這個惡魔因此得逞了，請快快振作起來！下定決心選擇一件事情、一項活動來擬定計畫，想想執行這項計畫時如果遇到重重困難，該怎麼迎刃而

解？譬如：「要是真的超級想吃點心，只准吃一小塊現做的甜食，或者三片小乾果。」只給自己這兩個選擇。

　　萬事起頭難，但一切都會否極泰來的，這就是全部的重點所在。當意志肌耐力越強韌，你就可以迎向越多的挑戰關卡，並且能夠加快、促進自我控制的意志肌耐力訓練。

那些一直都沒能實現的計畫，就像與自己進行困獸之鬥一樣，年復一年地糾纏著我們。其實這些事情都有一個共通點：我們得先**抵制**五花八門的**誘惑**才能成功。比如被禁止再碰的香菸、甜甜圈還有那些最新流行、使人爆預算的購物衝動等等，若想強力抗拒這些誘惑，果真需要堅定不移的意志力。

不妨想想看，如果你現在正要處理一份無聊透頂的財務報表，或得捧讀厚重如康熙字典的文件，確實需要意志力去避免一下子逛逛臉書、一下子回覆聊天打屁的電子郵件，或是興沖沖地開一局撲克牌線上接龍來消遣，這真的是需要超強的自制力！

而對於某些人來說，在工作上遇到「一直沒有進入狀況」的同事，或是遇到屬下犯了過錯，為了避免自己在職場上大動肝火，反而需要更強烈的意志力。

你心裡應該會想那些所謂的成功人士們，應該

是有滿腔的意志力在支撐著，讓他們面對困境時特別不容易說放棄。但是老實說，他們似乎比我們其他人**更容易**遭受誘惑的挑逗——不然你快點告訴我哪一位知名人士或有力人士沒有眾所周知的毛病，有這種人的話請說來給我聽聽，讓我驚訝一下，我在此洗耳恭聽。

擁有治理一個國家所需具備的強大意志力，卻無法抗拒香菸、薯條這類微不足道的口舌之慾，似乎是一件十分衝突的事，但是根據針對自制力本質的研究可知，事實並不是我們所想像的那樣。若想知道箇中奧祕，就得先清楚瞭解意志力是如何在腦袋裡運作的。

自我控制的能力就跟身上的肌肉一樣沒什麼差別，意志力就像是我們的二頭肌、三頭肌，在力氣的表現上會有懸殊差異。這種差異不僅僅介於人與人之間（每個人的力氣都不一樣大），除此之外還有「時間」這個關鍵因素，**時時刻刻**都在變化。就像發達的二頭肌，在辛勤操練之後偶而會感到疲

倦、癱軟,你的意志肌耐力也是一樣。

即使像是「做決定」、「試圖在別人面前留下好印象」等等每天都會經歷的日常小舉動,也可能會枯竭珍貴的意志力資源,更不用說在處理職場與家庭壓力的時候,也會遇上如此欲振乏力的狀況。

要是短時間內讓意志肌耐力承受了太多壓力,或是使用了太久,你心中那口冒出自制力泉源的井,就會慢慢乾涸。這也是甜甜圈小惡魔會來試探你的脆弱時分,誘惑總是在這種時刻輕易戰勝了你。

該慶幸的是,這種意志肌耐力消耗殆盡的狀況只是暫時的,你要給點時間好讓它可以順利恢復彈性,這樣就能很快地回到戰鬥狀態,隨時準備好要給誘惑你的甜甜圈小惡魔,一記迎頭痛擊。

最近的研究指出,如果你遇到無法立刻好好休息來讓意志肌耐力復原的情況,可以用一個簡單又

快速的方法來讓自制力甦醒，或是當它存量有點低的時候，給自己一點點激勵。方法非常簡單：**想想**那些具有強大自制力的人物們吧！以我自己為例，每次超級想要對誰發飆的時候，就想到我那「泰山崩於前而色不變」的母親大人，這對於我適時地緩和情緒具有很神奇的效果。

或者，你可以試著來點「提神飲料」(pick-me-up)慰勞一下自己。我不是指雞尾酒(pick-me-up)，而是指那些做了會讓你心情開朗的事情（再次強調，**絕對不要**用雞尾酒來振奮自己──它也許可以讓你的心情好起來，但酒精這種東西顯然不會對你的意志力有任何幫助）。就去做其他任何能讓你開心的事吧──聽最愛的歌、看爆笑影片來紓紓壓、打電話給好朋友，或是回頭看看過去的成功經驗──這樣應該就能幫助你的自制力快速地恢復，尤其正當你希望能快快步上正軌的時候，確實特別有效。

意志力和肌肉相似的另一項特性（對我們這些

耐不住性子的人來說，根本就是**天大的**好消息）就是，如果你能規律地鍛鍊意志肌耐力，假以時日便可以變得更加強韌。最近的研究指出，像是運動、記帳或是記錄飲食等等日常活動——甚至只是「時時要記得端正坐姿」這樣的小事——其實真的可以增強我們的自我控制能力。

　　舉例來說，在一項研究中，獲得免費健身房會員資格，並且進行每日健身計畫長達兩個月的人，不只身體健康許多，而且還能少抽點菸、不會貪杯，垃圾食物也吃得比較少了。除此之外，也比其他人更能夠控制脾氣，降低失控而衝動血拼的可能，用完餐也不會把碗盤扔在水槽就拍拍屁股走人，更不會把事情拖延到不可收拾的地步，也減少與人失約的次數了。事實上，他們在生活中每個需要運用到意志力的層面都有戲劇性的進步。

　　所以如果你想要好好增強、鍛鍊自己的意志力，那就選定一個可以改善你生活的行為（或者也可以選擇戒除一個壞習慣），去朝著想要的目標邁

進。可以選擇任何需要你一次又一次地去戰勝衝動或慾望的行為，並且讓它進入每天的固定作息之中。

先行研究中的例子包括：戒除自己最愛的甜食、盡量不逞口舌之快隨意罵人、用非慣用手開門跟刷牙、說話時避免用「我……」來當成開頭。你幾乎可以選擇用任何事情來錘鍊自制力，只要跟克服慾望有關的，其實都可以試試──讓你就此可以意志堅定地去做那些原先懶得去做的事！

就從你的日常生活習慣下手吧！像是每天早晨整理床鋪、約束自己掛在臉書上頭的時間，都可能是鍛鍊自制力的好起點。當然，剛開始執行一定會感到困難重重，但假如你堅持到底，將會隨著時間過去而感到越來越容易，因為你的意志肌耐力已經越來越好了。就如同俗話所說：「頭過身就過。」一切都會順利走下去的。

付諸實行　為你的意志肌耐力加油打氣

1 意志力一旦操練過度就會疲乏，當意志力這口井乾掉的時候，在迎向另一個新的自制力挑戰之前，給自己休息的時間，先喘口氣吧！

2 你可以透過某些事情，來讓自己從疲累狀態之中盡速復元，比方說：讓自己開心起來、表現不錯時給自己一點獎勵，或是去思考認識的人當中具備良好自制力的人是如何處事的。

3 想讓意志肌耐力強大茁壯，一定得靠規律的鍛鍊。在決定邁向一個需要大量意志力的目標之前（例如：戒菸、徹底改變飲食習慣等），請先用平穩規律、強度較低的鍛鍊方法來開始培養，然後在日常生活裡頭慢慢增加一些需要意志力的挑戰（例如：整理床鋪、坐姿端正、不搭電梯改走樓梯等），先從著眼於生活的小小鍛鍊開始起步。

腳踏實地別涉險

Don't Tempt Fate

CHAPTER

8

　　姑且先不管你的意志肌耐力可以變得多麼強大，我們心裡都要先有個底：「意志肌耐力是有限度的。」這個謙虛的觀念十分重要，因為如果過度使用，你便會暫時地感到筋疲力竭。

　　千萬別同時倉促地擔下兩個頗具挑戰的任務，如果可以的話，能免則免。例如：避免「戒菸」跟「節食」一起進行。

　　不管做什麼事都得要按部就班、一步一步來。請謹記諺語所說的：「小心駛得萬年船。」把你自己留在安全地帶，會讓目標變得比較容易實現，不會出什麼必須費神收拾的差錯。太多人對於自己抗拒誘惑的能力都太有自信了，最後讓他們自己落在被無數誘惑包圍的慘況之中。成功人士都知道：別讓「達成目標」這件事情，變得比目標本身還要困難。

「抗拒誘惑」對於達成任何目標來說，都是一個關鍵致勝因素。為了達成在專業上或是個人領域上的遠大企圖心，我們**想要做**的事情，往往和我們**需要做**的事情互相牴觸。

這種說法聽起來可能和直覺有點出入，不過當你真的下定決心要抗拒誘惑的時候，第一件想做的事情會是虛心接受這個事實：意志力的能耐是有限的，即使是在開始鍛鍊意志肌耐力之前。就算透過再怎麼規律的鍛鍊來養成，意志肌耐力**永遠**都是有限度的。請記得：無論是多麼強健的肌肉，還是有過度操勞的可能性。

問題就在於，多數人「認為」我們此刻所擁有的意志力，事實上比我們「真正」所擁有的還多，這個心態實在是太自不量力了。也正因為如此，我們一步步地把自己推向險境，讓自己暴露在誘惑之中，還沾沾自喜地以為自己真的能夠掌握一切。

舉例來說，一項關於戒菸的研究要求已經三個

禮拜都沒再碰過菸的受試者（這些人都已經成功脫離戒斷階段），分享自己覺得有多大的自信在未來繼續抗拒菸癮。這些受試者也同時被問到，是否有替自己安排一些計畫，來盡量避免被誘惑的狀況發生——比方說和有抽菸的友人一起出門這種情境，就非常有可能大大增加想要抽菸的慾望。

結果顯示，對於自己抗拒菸癮誘惑的能力越有自信的「前」癮君子，反而越容易落入危險之中，因為他們無法按部就班地執行戒菸。

果然數月之後，那些能**確實**抗拒誘惑的吸菸者，故態復萌的機率確實比較少。反而那些對於自己意志力評價過高的人，又恢復他們的舊習性，重新染上菸癮了。

所以就算已經幫自己累積了許多意志力的庫存，經過一整天工作都忙到像到處提水救火的你，下班時刻也不會剩下多少堅持決心的意志力了。（這其實也就是酒吧會在下班後特別開闢「快樂時

光」(Happy Hour)特價時段的原因。)

請不要欺瞞自己，因為當你置身於水深火熱之中，壓力會輕易地讓你脫離正軌、向誘惑逐步屈服。這也就是為什麼當你感覺意志枯竭、定力薄弱時，「靜下心來好好思考」就顯得非常重要。此外，**去執行一個「若則」計畫**讓自己遠離誘惑，穩穩地走在正軌上。

請隨時準備好一個備案活動、可以讓自己分散注意力的方法，或是一個低卡路里的小點心來解解饞——只要是無傷大雅的事物都可以，只要讓你能暫時紓壓一下，可以繼續迎戰誘惑就行！

還有，請幫自己一個忙，別同時承擔兩件需要動用到強大自制力的任務來讓自己為難，如果可以的話請務必盡量避免，因為這真的很容易會自掘墳墓。舉例來說，研究顯示，人們在節食的時候會想要試著**同步**戒菸，因為他們希望能一舉避免掉戒菸之後短暫增胖的副作用。這些讓自己**蠟燭兩頭燒**的

人，比那些一次處理一個目標的人更容易失敗，甚至兩頭落空。

最後，請切記對於拒絕誘惑，「一次全部戒掉」遠比「停停走走、欲拒還迎」來得容易許多。因為如果要花上更長的時間去終結一個壞習慣，那就意味著這段時間裡需要更多的自制力，你很有可能會在某個小關卡舉白旗投降的。

如果你打定主意某次約會不想以上床收場，那最好的道別時機就是晚安吻之後啦！假如你下定決心要減肥，當一大盆洋芋片往你這邊遞過來的時侯，就帥氣地整盆往下一個人傳過去吧！請務必把這個廣告金句刻在心底，當成減肥的座右銘：如果吃了一片，就會「一片接一片，好吃停不了！」樂事洋芋片可是沒有在跟你開玩笑的。

（付）（諸）（實）（行）防患於未然

---

1 如果你有個壞習慣想戒除、有股慾望難以抗拒，請
務必仔細思索在「什麼時間」與「什麼狀況」下，
最容易讓意志軟弱而受到誘惑？以及如果可能，你
要怎麼避免這些情況？

---

2 請一次只執行一項主要的意志力大挑戰就好。（如
果人們每年都能專心做到一項新年新希望的話，他
們就已經非常非常成功了。）

---

3 對於**真的**很喜歡但是不該接受的誘惑，請千萬不要
一直想著只是「偶一為之」或「淺嚐即止」沒有關
係。一次**全部**迅速處理掉比較乾淨俐落，雖然確實
十分無趣，但請相信我，對於根除積習來說真的會
比較容易。

轉念：與其不要想，
不如好好想

Focus on What You Will Do,
Not What You Won't Do

　　你是不是想順利被公司拔擢、成功戒菸，或是管好你的壞脾氣？那麼，就把那些原本會為你帶來不良影響的行為，通通改用「正面積極、獲益良多」的做法來當成行事準則。

　　許多時候，我們都花了太多精神在「**戒除**不良習慣」這件事情，反而無法好好去思考，在達成目標的漫漫長路上要有多少積極的實際作為，才能填補現況與成功之間的空缺與不足。

　　心理學中對於「思考壓抑」（thought suppression，也就是所謂的「白熊效應」）的研究已經指出人類思考的矛盾心態——如果你試著要避免某個想法，反而偏偏會一直想起來，而且這個被壓抑的念頭會在大腦裡更加活躍、魂牽夢縈。相同地，想法也會影響行為，因此把重點放到行為上會落得一樣的下場。當我們試著**不要**去做某件事情，想要去做的衝動反而會更加強烈，並不會減少慾望。

　　假如想要轉念改變行事作風，那就問問自己可以做些什麼來替代？舉例來說，如果想試著控制脾氣，不讓自己陷入勃然大怒後一發不可收拾的窘境，那你就應該要用類似這樣的「**若則**計畫法」來管控自己：「假如我發覺自己心頭那把火又要冒上來，那麼就要深呼吸三次，好讓自己冷靜下來。」

　　用「深呼吸以緩和情緒」這樣子的積極作為來取代「憤怒」，這樣一來，心中那匹破壞成功的衝動巨獸，就會隨著時間日漸失去破壞力，最後就完全消失了。

旦決定要執行「**若則**計畫法」來幫助自己達到目標，下一步就是必須要謹慎思考「過程中需要哪些確切的步驟」。根據一份新的研究指出，以言語描述你的計畫時必須要非常小心，因為一種特殊型式的「**若則**計畫」會帶來事與願違的結果，讓你在一開始就陷入「不想做又**偏**去做」的無限迴圈狀態。

荷蘭烏特列茲大學(Utrecht University)的研究人員仔細觀察了「**若則**計畫法」的三種型式。「**替換型**」正如其名——要把負面行為，用另一個較為積極、正面的行為來把它替換掉。

假如你的個性是對所有迎面而來的機會都毫不遲疑地答應，完全不多加思考自己的狀況跟能耐的話，必定每次都會**陷入**忙得不可開交的結果。針對這樣的情形你就得規畫一個「**若則**計畫法」去替換，例如：「**假如**有個全新、從未執行過的計畫要我接手，**那麼**我在答覆之前至少要仔細考慮二十四小時。」「仔細考慮二十四小時」就是「替換型」

作法—— 一種更為適切的回答，為了用來替換掉你總是「貿然答應」最後卻又為自己找來麻煩的個性。

「**忽視型**」則是把焦點集中於阻絕你不想要的感受上，類似揮之不去的渴望、擔心自己在其他人面前的「表現焦慮」，或是自我懷疑之類的。譬如：「**假如**我有強烈的抽菸慾望，**那麼**我就忽略這個念頭。」在這個例子裡，你只是純粹決定對於不想要的念頭充耳不聞、置之不理，並且希望降低那些一時衝動所帶給你的負面影響。

最後一種是「**否定型**」。關於這個方法，就必須要詳細說明未來你將**不會**採取的行動，一五一十地把你預備用來抗拒慾望的作法盤點出來。有了這個計畫，如果想要避免自己去做某件事情，你只需計畫好**不要**去執行這件事，不讓自己有任何機會去做。比如說：「**假如**我在購物商場裡，**那麼**我打算不買任何東西。」這樣的做法在某意義上，就是對付負面衝動最直接的正面迎擊方式，也是我們面對

誘惑最常使出的終極手段。

　　以上三種「**若則**計畫法」進行實際測試之後，研究人員得出令人驚訝的一致性結果：他們發現第三種的「**否定型**」做法，不只與另外兩種型式相比效果很差，更糟糕的是，「否定型」做法有時候還會導致「**反彈**」效應，產生事與願違的結果，讓人們做出比以往更多被禁止的危險行為——根本可以說是慾望猛獸的絕地大反撲！

　　就如同「思考壓抑」（又稱「白熊效應」）的相關研究所揭示的：如果時常管控某個念頭的話，反而會讓它在腦海裡更加活躍、強勢。「**否定型**」做法所採取的策略，就是持續去關注被壓抑的行為——不斷地告訴自己不能去做，反而會更想去做。

　　諷刺的是，只是簡單地計畫**不去**從事衝動行為、不想被慾望牽著鼻子走，反而會使衝動變得更**強烈**、更力大無窮，而不會因此打敗衝動！因此像是：「**假如**我去大賣場，**那麼**我就不會買任何東

西。」採取這樣自以為高竿的計畫，有意識地去壓迫購買慾，結局可能反而會讓你的荷包失血一番。

請千萬切記：每次想要實現目標的時候，你必須計畫好如何替換掉那些會妨礙成功的行為，改用更積極、正面的方式逐一替代執行，而不是只專注於不良行為本身，因為有可能收到反效果。最關鍵的部分在於你的「**若則**計畫法」要設定成**即將要**做什麼事，而不是**絕對不**做什麼事。與其提醒自己不要去想（負面行為），不如就好好想（積極作為）！

1 我們很多目標都跟停止某個行為有關：**不要**暴飲暴食、**不要**忙起來就忘了休息、**不要**熬夜熬太晚、**不要**防禦心太重。但是用這種方式去思考目標，反而會招致自我毀滅性的衝動行為，並不會讓慾望慢慢地減損降低。總之，最後可能會與我們期望達成的效果恰好相反。

請在開始進行目標之前，把**停止**慾望的做法**撤換**掉吧，重新為你的成功哲學換上一副嶄新骨架——想想有什麼事情是**即將要**進行的積極作為，你絕對會因此而脫胎換骨！

2 一旦決定好哪些正向、積極作為要被用來汰換不受歡迎的行為，你就可以執行「若則」計畫了：

假如我非常想要做＿＿＿＿＿＿＿＿＿＿的話，
那麼我就換做＿＿＿＿＿＿＿＿＿＿來代替。

我們時常抬頭仰望在專業領域出類拔萃的頂尖人物——例如企業領袖、有權有勢的政治人物，藝術、電影、音樂界的鬼才大師——我們通常會用這些字眼去解釋他們的成功：「天才」、「能力」、「天賦」。不過如果大部分的人都了解這些天賦異稟是如何**運作**的，其實用哪個字眼去描述他們都無所謂。

所謂的成功，並**不是**中了老天爺發的彩券，贏在運氣比較好、擁有絕佳 DNA，而是和如何抵達目標息息相關，例如：做出明智的抉擇、運用正確的策略，並且付諸實行！許多研究反覆清楚地指出，那些被稱為「與生俱來」的能力指標（例如智商），都沒有辦法顯著預測出誰能成功、誰不能成功。另一方面，「有效的策略運用」、「恆心毅力」等等指標，倒是向我們透露了很多關於哪些人最有機會登上

成功顛峰的線索。

　　成功人士會訂下非常明確的目標，並且好好抓住每個發揮的機會（運用一些策略，例如「**若則**計畫法」）。他們心裡總是清楚知道自己距離成功還有多遠，持續關注他們需要再做些什麼，還欠缺什麼課題或能力。他們深深相信自己會成功，但是也明瞭成功不會來得太輕鬆的事實。完成目標是必須要付出代價的。

　　他們會銘記著，成功就是不斷地讓自己進步再進步，而非打從一開始就把事情做到盡善盡美。成功人士相信能力是可以靠後天努力慢慢培養的，這個信念會讓他們勇敢地迎向挫折與挑戰。

　　成功人士的意志力會因為不斷地錘鍊而日漸增長，並且制定計畫來應對意志力消沉的時候，不讓自己有機會陷入慾望的深淵、被誘惑給包圍。他們會把焦點放在**即將要**做什麼事

情，而不是**絕對不**做什麼事情。與其提醒自己不要去想怎麼直接迎擊誘惑，不如就好好想該有哪些積極作為！

　　這些事情成功人士能夠辦得到，**你**絕對也能辦到！

前言

第 6 頁：這本書介紹了成功人士一定會做的9件事情——他們用來設定、追求、達成目標的策略（有時候連他們本身都沒有察覺自己做了這項心智功夫），而這些事關重大的步驟，根據幾十年來針對人類「獲得成功」所做的研究顯示⋯⋯

Gordon B. Moskowitz and Heidi Grant, eds, *The Psychology of Goals* (New York: The Guildford Press, 2009).

CHAPTER 1

第 12 頁：數以千計的研究都指出，設定明確的目標⋯⋯

Edwin A. Locke and Gary P. Latham, "Building a Practically Useful Theory of Goal Setting and Task Motivation: A 35-Year Odyssey," American Psychologist 57, no. 9 (2002): 705–717.

第 14 頁：在我與同事一起進行的研究當中⋯⋯

Angela Lee Duckworth, Heidi Grant, Benjamin Loew, Gabriele Oettingen, and Peter M. Gollwitzer, "Self-Regulation Strategies Improve Self-Discipline in Adolescents: Benefits of Mental Contrasting and Implementation Intentions," *Educational Psychology: An International Journal of Experimental Educational Psychology* 31, no. 1 (2011): 17–26.

CHAPTER 2

第 21 頁：超過一百次的研究發現，小至日常瑣事的節食、運動……

Peter M. Gollwitzer and Paschal Sheeran, "Implementation Intentions and Goal Achievement: A Meta-Analysis of Effects and Processes," *Advances in Experimental Psychology*, 38 (2006): 69–119.

第 23 頁：一項研究鎖定想要養成規律健身目標者……

Sarah Milne, Sheina Orbell, and Paschal Sheeran, "Combining Motivational and Volitional Interventions to Promote Exercise Participation: Protection Motivation Theory and Implementation Intentions," *British Journal of Health Psychology* 7, no. 2 (May 2002): 163–184.

CHAPTER 3

第 33 頁：近期研究指出，如果這個目標是過去從未執行過的，就不應該投入太多自我評估的工作……

Chak Fu Lam, D. Scott DeRue, Elizabeth P. Karam, and John R. Hollenbeck,"The Impact of Feedback Frequency on Learning and Task Performance: Challenging the 'More is Better' Assumption," *Organizational Behavior and Human Decision Processes* 116, no. 2 (November 2011):217-228.

第 35 頁：芝加哥大學的兩位心理學家——古敏中(Minjung Koo)與艾萊特・菲什巴克(Ayelet Fishbach)，最近在研究……

Minjung Koo and Ayelet Fishbach, "Dynamics of Self-Regulation:How (Un)accomplished Goal Actions Affect Motivation," *Journal of Personality and Social Psychology* 94, no. 2 (February 2008): 183–195.

CHAPTER 4

第 46 頁：在不切實際的樂觀主義者的想法裡頭，我們發現最明顯的危險例證之一……

Gabriele Oettingen and Thomas A. Wadden, "Expectation, Fantasy, and Weight Loss: Is the Impact of Positive Thinking Always Positive?" *Cognitive Therapy and Research* 15, no. 2 (1991): 167–175.

第 47 頁：歐廷珍在以下三種研究對象身上，找到與上述減重女性一樣的模式……

Gabriele Oettingen and Doris Mayer, "The Motivating Function of Thinking about the Future: Expectations versus Fantasies," *Journal of Personality and Social Psychology* 83, no. 5 (November 2002): 1198–1212.

第 50 頁：研究顯示，這個回想的工作對於增強信心來說是非常有效的策略……

Anja Achtziger, Peter M. Gollwitzer, and Paschal

Sheeran, "Implementation Intentions and Shielding Goal Striving From Unwanted Thoughts and Feelings," *Personality and Social Psychology Bulletin* 34, no. 3 (March 2008): 381–393.

CHAPTER 5

第 58 頁：在此提供一個佐證的例子……

Gordon B. Moskowitz and Heidi Grant, eds, *The Psychology of Goals* (New York: The Guildford Press, 2009).

第 60 頁：事實上，最近一系列的研究已經指出……

Dustin B. Thoman, Jessi L. Smith, and Paul J. Silvia, "The Resource Replenishment Function of Interest," *Social Psychological and Personality Science* 2, no. 6 (November 2011): 592–599.

CHAPTER 6

第 68 頁：史丹佛大學心理學家卡蘿・杜維克 (Carol Dweck)的研究認為⋯⋯

Carol S. Dweck, *Mindset: The New Psychology of Success* (New York:Ballantine Books, 2008).

CHAPTER 7

第 84 頁：最近的研究指出，如果你遇到無法 立刻好好休息⋯⋯

Michelle R. vanDellen and Rick H. Hoyle, "Regulatory Accessibility and Social Influences on State Self-Control," *Personality and Social Psychology Bulletin* 36, no. 2 (February 2010): 251–263.

第 86 頁：舉例來說，在一項研究中，獲得免費健身房會員資格⋯⋯

Megan Oaten and Ken Chang, "Longitudinal Gains in Self-Regulation from Regular Physical Exercise," *British Journal of Health Psychology* 11, no. 4 (November 2006): 717–733.

第 87 頁：先行研究中的例子包括：戒除自己最愛的甜食⋯⋯

Roy F. Baumeister, Matthew Gailliot, C. Nathan DeWall, and Megan Oaten, "Self-Regulation and Personality: How Interventions Increase Regulatory Success, and How Depletion Moderates the Effects of Traits on Behavior," *Journal of Personality* 74, no. 6 (December 2006): 1773–1802.

CHAPTER 8

第 91 頁：一項關於戒菸的研究……

Loran F. Nordgren, Frenk van Harreveld, and Joop van der Pligt, "The Restraint Bias: How the Illusion of Self-Restraint Promotes Impulsive Behavior," *Psychological Science* 20, no. 12 (December 2009): 1523–1528.

CHAPTER 9

第 100 頁：根據一份新的研究指出，以言語描述你的計畫時必須要非常小心……

Marieke A. Adriaanse, Johanna M. F. van Oosten, Denise T. D. de Ridder, John B. F. de Wit, and Catharine Evers, "Planning What Not to Eat: Ironic Effects of Implementation Intentions Negating Unhealthy Habits," *Personality and Social Psychology Bulletin* 37, no. 1 (January 2011):69-81.

結語

第 105 頁：許多研究反覆清楚地指出，那些被稱為「與生俱來」的能力指標⋯⋯

Angela L. Duckworth and Martin E. P. Seligman, "Self-Discipline Outdoes IQ in Predicting Academic Performance of Adolescents," *Psychological Science* 16, no. 12 (December 2005): 939–944.

ACKNOWLEDGMENT

謝辭

由衷感激 Harvard Business Publishing 的優秀團隊——我要特別向提姆‧蘇利文(Tim Sullivan)表達謝意，是他一直深信我的"Nine Things"專欄可以嘗試集結成單行本。另外還要感謝莎拉‧葛林(Sarah Green)，是她幫助我讓這個單行本美夢成真！

還有很多感謝的話要獻給惠妮‧強森(Whitney Johnson)，是她為我向《哈佛商業期刊》(Harvard Business Review)牽線的。另外也感謝我的經紀人與摯友吉爾斯‧安德森(Giles Anderson)，是他為我打開一扇窗，讓我看見窗後那個美麗的世界。

國家圖書館出版品預行編目資料

成功人士一定會做的9件事情 / 海蒂.格蘭特.海佛森(Heidi Grant
Halvorson)作 ; 劉柏廷譯. -- 初版. -- 臺中市 : 晨星, 2018.07
　　面 ;　公分. -- (Guide book ; 254)
譯自 : nine things successful people do differently
ISBN 978-986-443-443-5 （平裝）

1.自我實現　2.生活指導　3.成功法

177.2   107005610

Guide Book 254
成功人士一定會做的9件事情
【原文書名】：NINE THINGS SUCCESSFUL PEOPLE DO DIFFERENTLY

作者	海蒂·格蘭特·海佛森（Heidi Grant Halvorson）
譯者	劉柏廷
編輯	余順琪
封面設計	柳佳璋
美術編輯	菩薩蠻數位文化有限公司

創辦人	陳銘民
發行所	晨星出版有限公司
	407 台中市西屯區工業 30 路 1 號 1 樓
	TEL：04-23595820　FAX：04-23550581
	行政院新聞局版台業字第2500號
法律顧問	陳思成律師
初版	西元2018年7月15日

總經銷	知己圖書股份有限公司
	106 台北市大安區辛亥路一段 30 號 9 樓
	TEL：02-23672044／02-23672047　FAX：02-23635741
	407 台中市西屯區工業 30 路 1 號 1 樓
	TEL：04-23595819　FAX：04-23595493
	E-mail：service@morningstar.com.tw
	網路書店 http://www.morningstar.com.tw
讀者專線	04-23595819#230
郵政劃撥	15060393（知己圖書股份有限公司）
印刷	上好印刷股份有限公司

定價 199元
（如書籍有缺頁或破損，請寄回更換）
ISBN：978-986-443-443-5